# Orangutan and Palm Oil Farm Report

Orangutan and ramen, these words seem to have nothing to do with each other, but they are actually very closely related. What's the connection between the two?

Orangutans, which belong to anthropomorphic apes, live in Asia. Orangutans live in tropical rain forests in Indonesia and Malaysia. Orangutan in local language means 'man in the forest.'

On the other hand, palm oil is used to make ramen. Palm oil is an oil made from a fruit. Palm oil is widely used because it is the cheapest and the most produced oil in the world. Almost half of all items on the market contain palm oil.

Since the 1990s, Indonesia and Malaysia transformed into large-scale farms after destroying the forests of orangutans. Because of the ramen we eat, orangutans lost their homes!

The U.N. Environment Program in 2007 warned that orangutans could become extinct by 2032.

As a result, the International Union for Conservation of Nature (IUCN) has made a "Red List" to introduce endangered animals and plants to the world. This list includes the Borneo orangutan, Sumatran orangutan and Tapanulio orangutan.

"Why don't we use other oils instead of palm oil?"

The answer to this question is not simple. Oil palms grow beans on land of the same size and produce four to six times more oil than soy. Therefore, if we want to use more soybean oil instead of palm oil. We would need to burn more forests to plant beans.

"Can't we plant palm oil on every farm instead of beans?"

Unfortunately, oil palm only grow well in warm and humid climates like Indonesia and Malaysia.

Palm oil is cheap and useful. We live a convenient life thanks to palm trees. But the orangutan is losing its nest and family. In addtion, humans get hurt, burned, and even die in the process of burning forests.

Before it's too late, we must find ways to make orangutans, forests and humans all happy. How can we keep nature while developing the economy? Let's go see the orangutan first to get an answer!

# 오랑우탄과 팜유 농장 보고서

**풀과바람 환경생각 13**

## 오랑우탄과 팜유 농장 보고서
Orangutan and Palm Oil Farm Report

1판 1쇄 | 2020년 2월 25일
1판 6쇄 | 2023년 6월 1일

글 | 김황
그림 | 끌레몽

**펴낸이** | 박현진
**펴낸곳** | (주)풀과바람
**주소** | 경기도 파주시 회동길 329(서패동, 파주출판도시)
**전화** | 031) 955-9655~6
**팩스** | 031) 955-9657
**출판등록** | 2000년 4월 24일 제20-328호
**블로그** | blog.naver.com/grassandwind
**이메일** | grassandwind@hanmail.net

**편집** | 이효숙
**디자인** | 박기준
**마케팅** | 이승민

ⓒ 글 김황, 그림 끌레몽, 2020

이 책의 출판권은 (주)풀과바람에 있습니다.
저작권법에 의해 보호를 받는 저작물이므로 무단 전재와 복제를 금합니다.

값 12,000원
ISBN 978-89-8389-831-9 73490

※잘못 만들어진 책은 구입처에서 바꾸어 드립니다.

이 도서의 국립중앙도서관 출판예정도서목록(CIP)은 서지정보유통지원시스템 홈페이지(seoji.nl.go.kr)와
국가자료공동목록시스템(www.nl.go.kr/kolisnet)에서 이용하실 수 있습니다. (CIP제어번호 : CIP2019031851)

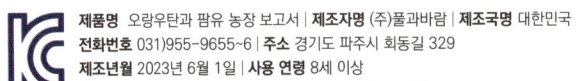

# 오랑우탄과 팜유 농장 보고서

김황 · 글 | 끌레몽 · 그림

# 머리글

오랑우탄과 라면.

이 말을 들으면 누구든 고개를 갸웃거리며 이렇게 말할 거예요.

"무슨 소리지? 오랑우탄이 라면을 좋아하나?"

이 둘은 서로 아무런 관련이 없어 보이지만, 실제로는 놀랄 만한 사실로 맺어져 있어요.

인간을 닮은 '대형 유인원'에 속하는 오랑우탄은 아시아에서 살아요. 인도네시아와 말레이시아의 열대 우림에서만 볼 수 있지요. 오랑우탄은 현지에서 쓰는 말로 '숲의 사람'이라는 뜻이에요. 이름처럼 숲에 의지해서 살아요.

한편, 라면은 제조 과정에서 '팜유'라는 기름을 사용해요. 팜유는 기름야자의 열매를 짜내어 만든 기름이에요. 팜유는 세상에서 가장 많이 생산되고 값도 저렴해서 가장 많이 사용돼요. 마트에 진열된 상품들 중 거의 절반에 해당하는 물건에 팜유가 들어 있다고 할 정도지요.

1960년대부터 인도네시아와 말레이시아는 팜유를 생산하기 위한 기름야자 농장을 만들기 위해 오랑우탄이 사는 숲을 파괴하기 시작했어요. 고작 라면 때문에 오랑우탄은 보금자리를 잃게 된 거예요. 더는 먹이를 구할 수도, 쉴 곳을 구할 수도 없게 되었지요. 총을 든 사냥꾼들에 잡히거나 총에 맞아 죽기도 해요.

유엔환경계획은 이미 2007년에 우리가 아무 대책도 세우지 않고 이대로 내버려 둔다면 오랑우탄이 2032년에 멸종될 수도 있다고 경고했어요.

또, 전 세계의 자원과 자연보호를 위해 애쓰는 국제자연보전연맹(IUCN)은 멸종 위기에 처한 동식물을 소개하는 '적색 목록'를 만들었어요. 여기에 보르네오오랑우탄, 수마트라오랑우탄, 타파눌리오랑우탄이 모두 올라가 있답니다.

"팜유 대신 다른 기름을 쓰면 되지 않을까요?"

이 질문의 답은 간단하지 않아요. 기름야자 열매는 같은 면적의 땅에 콩을 키워 콩기름을 만들 때보다 4~6배나 더 많은 기름을 만들어낼 수 있어요. 따라서 팜유 대신 콩기름을 쓰려면 더 많은 숲을 불태우고 콩을 심어야 할 거예요.

"모든 농장에 콩 대신 기름야자를 심으면 해결되지 않을까요?"

기름야자는 안타깝게도 인도네시아와 말레이시아같이 날씨가 따뜻하고 습기가 많은 곳이 아니면 잘 자라지 않아요.

팜유는 값싸고 쓸모가 많아요. 우리는 팜유로 만든 갖가지 물건들로 편리한 생활을 하고 있어요. 하지만 오랑우탄은 팜유 때문에 보금자리와 가족을 잃고 있어요. 인간이 숲을 태우는 과정에서 다치고 불에 데고 심지어 목숨을 잃기도 하지요.

더 늦기 전에 오랑우탄과 숲과 인간이 모두 행복해질 수 있는 방법을 찾아야 해요. 어떻게 하면 자연을 지키면서 경제도 발전시킬 수 있을까요? 그 해답을 찾아 오랑우탄부터 만나러 가요!

*김황*

# 차례

## 1. 오랑우탄은 '숲의 사람'
'사람과'에는 어떤 동물들이 속할까? … 8
꼬리 없는 친척, '대형 유인원' … 10
수마트라, 보르네오, 타파눌리 … 14
박물관의 보노보 … 16

## 2. 오랑우탄은 어떤 '사람'?
'내가 짱이다!' 수컷의 변신 … 20
새끼를 6~9년이나 키우는 엄마 오랑우탄 … 24
왜 오랑우탄은 아프리카가 아니라 아시아에 살까? … 26
왜 오랑우탄은 무리 지어 살지 않고 단독 생활을 할까? … 31

## 3. 오랑우탄의 숲은 어떤 곳?
열대 우림은 세상에서 가장 중요한 곳 … 36
아프리카와 동남아시아 열대 우림의 차이 … 40
급속히 사라져 가는 동남아시아 열대 우림 … 44

## 4. 오랑우탄과 팜유

인류는 어떻게 기름을 얻었을까? … 51
세상에서 가장 많이 생산되는 기름, 팜유 … 54
어째서 팜유를 많이 쓸까? … 58
팜유 농장을 만들기 위해 숲을 없애야만 할까? … 62

## 5. 인간과 오랑우탄이 더불어 살려면?

야생으로 돌아가고픈 고아들 … 66
팜유를 금지하면 문제가 해결될까? … 70
숲을 지키는 기업에만 주는 인증 마크 … 72
오랑우탄을 부탁해! … 78

오랑우탄 관련 상식 퀴즈 … 82
오랑우탄 관련 단어 풀이 … 84

# 1 오랑우탄은 '숲의 사람'

### '사람과'에는 어떤 동물들이 속할까?

여러분, 고양이와 친척인 동물에는 무엇이 있나요? 호랑이, 사자, 표범, 치타, 퓨마, 재규어, 삵(살쾡이), 스라소니…….

맞아요. 이 동물들은 사냥을 하기 위한 부드러운 근육과 날카로운 이, 발톱을 가졌어요. 또 나무를 잘 탄다는 공통점이 있어요. 이렇듯 두루 통하는 공통점을 기준으로 동물이나 식물을 하나로 묶은 것을 '과(科)'라고 해요.

여기서 문제! 고양이와 친척인 동물들을 통틀어 뭐라고 할까요?

정답은 '고양잇과'입니다.

잠시 호랑이와 사자에 대해 생각해 봅시다. 호랑이는 아시아의 숲에 살고, 사자는 아프리카의 초원에서 살아요. 호랑이는 혼자 소리 내지 않고 살금살금 다가가 사냥하는데, 사자는 떼를 지어 뒤쫓아 사냥을 해요.

분명 사는 곳도 사냥하는 법도 다른데 어째서 호랑이와 사자는 친척 관계일까요?

사자와 호랑이는 조상이 같아요. 먼 옛날, 같은 조상에서 시작되었지만 시간이 지나면서 서로 다른 길로 갈라져 각기 호랑이와 사자가 되었기 때문이지요.

그러면 우리 인간과 친척인 동물은 무엇이 있을까요? 침팬지, 보노보, 고릴라, 오랑우탄 등이 있어요. 이들의 공통점은 몸집이 크고, 지능이 높고, 꼬리가 없다는 거예요.

이번에도 문제! 이렇게 인간과 가까운 관계에 있는 동물들을 통틀어 뭐라고 할까요?

정답은 '사람과'입니다. 이제 확실히 알았죠? 오랑우탄은 인간과 친척인 '사람과' 동물이에요.

**꼬리 없는 친척, '대형 유인원'**

 원숭이라는 이름을 가졌음에도 꼬리가 없는 동물이 있어요. 바로 긴팔원숭이예요. 긴팔원숭이는 긴 팔로 이곳저곳을 옮겨 다녀요.
 긴팔원숭이는 '사람과' 동물들인 침팬지, 보노보, 고릴라, 오랑우탄과 더불어 '유인원(類人猿)'에 속해요.
 유인원이란 '인간을 닮은 원숭이'라는 뜻이에요. 그리고 몸집이 작은 긴팔원숭이를 제외한 침팬지, 보노보, 고릴라, 오랑우탄을 '대형 유인원'이라고 하지요.

가만, 좀 전에는 '사람과'라고 하더니 이번에는 인간을 닮은 '원숭이'라고 하네요. 참 헷갈리죠?

대형 유인원은 생김새만 덩치 큰 원숭이처럼 보일 뿐이에요. 오히려 인간과 더 닮았지요.

예를 들어 개나 고양이는 거울에 비친 자기 모습을 알아차리지 못해요. 또 다른 개나 고양이가 있다고 여기지요. 인간 못지않게 머리가 좋다는 원숭이도 개나 고양이처럼 거울에 비친 자신을 알아보지 못해요.

반면, 대형 유인원들은 인간처럼 자신을 알아볼 수 있어요. 이런 이유로 대형 유인원은 '사람과'에 속한답니다.

'유인원'은 한자어예요. 한자를 사용하는 나라에서는 '인간을 닮은 동물'이라고 하면 꼭 원숭이를 떠올리게 되지요. 그러니 유인원이라고 했어요.

한편 원숭이가 살지 않는 서양에서는 꼬리 없는 대형 유인원이 꼬리 있는 원숭이(Monkey, 멍키)와 한참 전에 갈라졌다고 해서 이들을 '에이프(Ape)'라는 말로 구별해요.

대형 유인원과 인간은 먼 옛날 같은 조상에서 갈라져 나와 각기 다른 특성을 가진 동물이 되었어요.

공통된 조상으로부터 가장 먼저 갈라져 나온 동물은 오랑우탄이에요. 지금으로부터 약 1800만 년 전이라고 해요. 그다음에는 약 1000만 년 전에 고릴라가 갈라져 나왔어요. 약 800만 년 전에는 침팬지가, 약 200만 년 전에는 보노보가 침팬지로부터 갈라져 나왔어요.

인간과 대형 유인원은 조상이 같고 닮은 점이 많아 친척인 셈이에요. 쉽게 말하자면, 침팬지는 '형제자매'이고, 오랑우탄은 '사촌'이라 할 수 있어요.

### 수마트라, 보르네오, 타파눌리

인간의 '사촌'인 오랑우탄은 인도네시아와 말레이시아에서 살아요. 현지말로 '오랑'은 '사람'을, '우탄'은 '숲'을 뜻해요. 곧, 오랑우탄은 '숲의 사람'이라는 뜻이에요.

인도네시아의 영토인 수마트라 섬에는 '수마트라오랑우탄'이 살아요. 세상에서 세 번째로 큰 섬인 보르네오 섬은 북부의 일부가 말레이시아, 나머지가 인도네시아 영토예요. 이곳에는 '보르네오오랑우탄'이 살아요.

수마트라오랑우탄과 보르네오우랑우탄은 모두 길고 붉은색이 도는 갈색 털이 온몸을 덮고 있어요. 다만 수마트라오랑우탄의 털이 더 길며 더 밝은 색을 띨 뿐이죠(오렌지색).

가장 큰 차이점은 수컷의 양옆 볼에 볼록 부풀어 오르는 지방 덩어리(플랜지)의 모양과 수염에서 찾을 수 있어요. 수마트라오랑우탄의 플랜지는 네모난 모양이에요. 흰 수염이 나 있지요. 보르네오오랑우탄의 플랜지는 둥근 모양이에요. 수염은 있지만 눈에 잘 띄지 않아요.

아마도 여러분은 구별하기가 쉽지 않을 거예요. 사람마다 외모가 다른 것처럼 오랑우탄도 생김새만 봐서는 전문가조차도 구별하기가 어렵대요.

2017년에는 수마트라 섬에서 또 다른 오랑우탄인 '타파눌리오랑우탄'이 발견됐어요.

처음에는 당연히 수마트라오랑우탄이라고 생각했지만, 호수를 사이에

두고 다른 오랑우탄이 살고 있었던 거예요.

### 박물관의 보노보

타파눌리오랑우탄의 발견은 1928년에 보노보를 찾아낸 이후로 약 90년 만의 일로, 새로운 종이 발견됐다며 사람들은 매우 놀라워했어요.

보노보는 침팬지로부터 약 200만 년 전에 갈라져 나왔다고 했는데, 처음 발견된 시기는 100년도 채 되지 않았네요.

보노보가 어떻게 발견됐는지 이야기해 줄게요.

1928년 독일의 동물학자인 슈바르츠가 벨기에의 박물관에서 아프리카 각지에서 온 침팬지의 표본을 보고 있었어요. 그런데 그중 하나가 눈에 띄었어요.

'흠…… 뼈가 작은걸. 혹 다른 종(種)이 아닐까?'

슈바르츠가 몸집이 작은 침팬지를 연구해 보니 다른 침팬지와는 사는 곳이 다르다는 사실을 알게 되었어요.

침팬지와 닮기는 했지만, 덩치가 작은 데다 얼굴은 더 검었고, 성격이 온순했어요. 그는 이 침팬지를 새롭게 발견된 종이라 확신하고 학계에 발표했어요.

그러나 침팬지는 사는 곳에 따라 그 차이가 크다는 이유로 슈바르츠의 발견은 오랫동안 학계에서 인정받지 못했어요.

이후 제2차 세계 대전 중인 1944년에 독일의 한 동물원이 폭격을 받았어요. 그곳으로 폭탄이 날아든 건 아니었지만, 폭발 소리에 놀란 침팬지가

 죽고 만 거예요. 물론 동물원의 모든 침팬지가 죽은 건 아니에요. 슈바르츠가 신종이라고 발표한 몸집이 작은 침팬지들만 죽었지요.

 이를 계기로 신종 침팬지 연구가 본격적으로 이루어졌고, 비로소 슈바르츠의 연구대로 신종으로 인정받았답니다. 그리고 아프리카 현지 사람들이 부르던 '보노보'라는 이름을 붙여 주었어요.

오랑우탄도 수마트라와 보르네오의 구별은 없었어요. 1830년대에 이미 유럽의 동물원에서 사육되어 사람들에게 익숙한 동물이 되었지만, 종의 구별 없이 알려졌지요. 유전자 분석 기술의 정확성이 높아진 1990년대 이후 이들 오랑우탄을 서로 다른 종으로 취급하게 되었어요.

고릴라도 마찬가지예요. 1847년에 처음 발견된 당시만 해도 사람들은 다른 종의 고릴라가 있을 거라고 생각하지 못했어요. 그러다가 1902년에 독일의 육군 대위가 아프리카의 동부에 더 큰 고릴라가 있다는 소식을 듣고 찾아갔다가 1902년에 마운틴고릴라를 발견했어요. 지금은 동서로 구

별하여 '서부고릴라'와 '동부고릴라'의 두 종으로 나뉘어요.

다시 정리해 보면 대형 유인원은 침팬지, 보노보, 서부고릴라, 동부고릴라, 수마트라오랑우탄, 보르네오오랑우탄 그리고 최근 발견한 타파눌리오랑우탄을 포함해 총 7종이에요.

이들 대형 유인원 중 오랑우탄은 다른 친척들과 구별되는 점이 몇 가지 있어요. 간단하게 정리하면 다음과 같아요.

❶ 오랑우탄은 다른 대형 유인원과 달리 아시아에 산다.

❷ 오랑우탄은 다른 대형 유인원과 달리 무리를 짓지 않고 단독 생활을 한다.

❸ 오랑우탄은 다른 대형 유인원과 달리 주로 나무 위에서 생활한다.

❹ 오랑우탄은 다른 대형 유인원과 달리 붉은빛이 도는 갈색 털을 가졌다.

어째서 오랑우탄만 이렇게 다를까요? 다음 장에서 그 이야기를 자세히 해 볼게요.

# 2 오랑우탄은 어떤 '사람'?

### '내가 짱이다!' 수컷의 변신

오랑우탄 종을 판단할 때는 가장 큰 차이점인 수컷의 지방 덩어리로 구별한다고 앞서 설명했지요. 수컷의 볼에는 '플랜지'라 불리는 지방 덩어리가 생겨요. 그런데 모든 수컷에 이것이 있는 건 아니에요.

여러 마리의 다 자란 수컷 중에서 특히 센 수컷만 변신을 해요. 볼이 볼록해지면서 플랜지가 생기지요. 언제 변신하는가는 그 수컷이 스스로 결정해요.

인도네시아 국립대학의 연구 중에 재미있는 연구 보고가 있어요. 어느 지역의 오랑우탄 중에 '존'이라는 수컷이 있었어요. 존은 덩치가 크고 당연히 플랜지가 있었어요. 반면, 같은 수컷인 '보리스'는 덩치도 작고 플랜지도 발달하지 않았어요.

어느 날 다른 지역에서 온 수컷 '누'가 '존'과 싸워 이겼어요. 그러자 '보리스'에게 갑자기 플랜지가 생겼어요. 20년 동안 밋밋한 볼을 가졌던 보리스는 두툼한 플랜지가 생기자 '누'에게 도전했답니다.

미국의 어느 동물원에도 플랜지가 없던 수컷이 있었어요. 다른 수컷 경쟁자가 없으면 으레 플랜지가 생겨야 하는데, 아무런 변화가 없었던 것이죠.

그런데 담당 사육사가 바뀌자마자 플랜지가 생긴 거예요. 이전 담당자의 고약한 태도에 이 수컷은 자신이 사육사보다 서열이 낮다고 여겼었나 봐요.

오랑우탄 수컷은 '내가 짱이다!' 하고 생각하면 플랜지가 생겨요. 나이가 들어 어른이 된다고 생기는 게 아니에요.

이처럼 사회관계로 생김새가 많이 달라지는 포유류 동물은 아주 드문데, 맨드릴개코원숭이도 수컷이 변신을 해요.

오랑우탄 수컷의 변신은 하루아침에 이루어지지 않아요. 완전히 변신하는 데 일 년쯤 걸려요.

수컷은 플랜지가 생기면서 몸집이 불어나고 목 주머니도 발달해요.

덩치가 커지면서 행동도 달라져요. 플랜지가 없을 때는 플랜지가 있는 수컷과 싸우지 않아요. 하지만 플랜지가 있는 수컷끼리는 거칠게 싸워요. 한 마리가 죽어야 싸움이 끝나기도 해요.

암컷을 대하는 법도 달라져요. 플랜지가 있는 수컷은 목 주머니를 써서 큰 소리로 암컷을 불러요. 이것을 '롱 콜'이라 하는데, 1킬로미터 떨어진 곳까지 들리지요.

"여기에 네가 찾는 멋지고 힘센 수컷이 있어. 나에게 와."라고 신호를 보내는 거예요.

한편, 플랜지가 없는 수컷은 숲을 이리저리 돌아다니며 암컷을 찾아요. 암컷은 플랜지가 있는 수컷을 좋아하지만 플랜지가 없는 수컷의 새끼를 낳기도 해요.

플랜지가 생기면 다시는 예전의 모습으로 돌아갈 수 없어요. 플랜지가 없는 수컷은 변신할까 말까 또는 언제 변신할까를 고민하겠죠?

### 새끼를 6~9년이나 키우는 엄마 오랑우탄

수컷 이야기를 했으니 이제 암컷에 대해 설명해 볼게요.

오랑우탄은 나무 위에서 생활하는 포유류 중에서 가장 덩치가 커요. 몸무게는 수컷이 70~80킬로그램 정도, 암컷은 35~40킬로그램 정도예요. 몸무게만 봐도 암컷의 몸집이 수컷보다 훨씬 작다는 것을 알 수 있죠. 이렇게 암수 체구의 차이가 큰 것은 오랑우탄의 특징 중 하나예요.

엄마 오랑우탄은 6~9년 동안 새끼를 돌봐요. 인간을 제외하고 이렇게 오랫동안 새끼를 돌보는 동물은 오랑우탄밖에 없어요.

고릴라는 약 3년, 침팬지는 3~5년 간격으로 새끼를 낳아요. 그래서 엄마 고릴라나 침팬지는 등과 가슴에 새끼들을 매달고 먼저 태어난 새끼를 같이 데리고 다니지요.

반면, 오랑우탄은 6~9년 간격으로 새끼를 낳아요. 새끼 오랑우탄은 동생이 생기면 그때부터 엄마 곁을 떠나 혼자 살아요. 엄마 오랑우탄은 동생만 정성껏 키울 수 있어요.

야생 오랑우탄이 얼마나 오래 사는지 정확하게 알려지지 않았지만, 50~60년 정도 산다고 해요. 그러므로 암컷이 평생 낳을 수 있는 새끼의 수는 4~7마리 정도예요. 다른 야생 동물들과 달리 아주 적은 수의 새끼를 낳는 거예요.

한 학자는 새끼 오랑우탄이 다른 대형 유인원보다 더디 자라는 건 아닌지 연구하기도 했어요. 하지만 고릴라나 침팬지와 별 차이가 없었어요.

6~9년이라는 긴 육아 기간과 적은 수의 새끼는 오랑우탄이 멸종 위기에 처하는 이유 중 하나이기도 해요. 그렇다면 먼저 낳은 새끼를 빨리 독립시키고 자주 임신을 하면 좋을 텐데, 엄마 오랑우탄은 어째서 6~9년이나 새끼를 돌볼까요?

그 답은 그들이 사는 동남아시아의 숲에 있답니다.

### 왜 오랑우탄은 아프리카가 아니라 아시아에 살까?

아프리카에 사는 다른 대형 유인원들과 달리 오랑우탄은 아시아에 살아요. 그 이유가 뭘까요?

아주 먼 옛날, 아시아에는 우리가 알고 있는 것과는 다른 종류의 대형 유인원이 살았어요. 그 증거가 되는 화석이 인도, 파키스탄, 중국 등에서 발견되었지요. 아프리카에서 태어난 '사람과' 동물의 공통 조상은 오랜 여행 끝에 아시아에 닿았어요. 그 과정에서 여러 종의 대형 유인원이 나타났다가 사라졌어요.

멸종한 대형 유인원 중에 '기간토피테쿠스'라는 종이 있어요. 화석으로 보아 몸길이는 약 3미터, 몸무게는 약 500킬로그램이나 되는 역사상 가장 큰 '사람과' 동물이라는 사실을 알아냈지요.

기간토피테쿠스는 당시에는 열대 우림이었던 중국의 남부 지역에서 지금으로부터 900만~600만 년 전에 살았었대요. 그리고 약 10만 년 전에 멸종했다고 해요.

한편, 오랑우탄의 선조는 지금으로부터 2000~1500만 년 전에 아프리카를 떠나 아시아까지 이동했어요. 현재 오랑우탄이 사는 수마트라 섬과 보르네오 섬은 지구가 차가워졌던 '빙하기'에는 섬이 아니라 '순다랜드'라 불리는 육지였어요.

☐ 지구의 해수면이 가장 낮았을 때의 순다랜드

　아시아에 도착한 오랑우탄의 선조는 적어도 150만 년 전부터는 중국 남부, 태국, 말레이 반도 등에 퍼져 살았어요. 지금까지 출토된 화석으로 보아 100만 년 전에는 적어도 200만 마리가 넘게 살았었다고 해요.

빙하기가 끝나자 순다랜드의 일부는 바다가 되었고, 수마트라 섬과 보르네오 섬이 생겼지요. 기간토피테쿠스를 비롯한 다른 대형 유인원들은 모두 멸종했고, 여러 지역에 흩어져 살았던 오랑우탄도 점점 사라져 가는 가운데 수마트라 섬과 보르네오 섬에만 약 7만 마리의 오랑우탄이 남았던 거예요.

오랑우탄은 아시아에만 사는데, 오랑우탄 선조가 아프리카에서 태어나 살았었다고 하니 놀랍죠? 우리 인간도 원래 아프리카에서만 살았는데, 6만 년 전에 아프리카를 떠나 세계 곳곳으로 흩어지면서 오늘날에 이르게 된 거예요.

오랑우탄의 선조는 '사람과' 동물 속에서도 가장 일찍 아프리카를 떠난 종이에요. 반면에 인간은 가장 늦게 아프리카를 떠났지요.

그런 면에서 오랑우탄은 선구자인 셈이에요.

우리 인간도 '사람과'의 '사촌'인 오랑우탄보다 훨씬 늦게 아프리카를 떠나 세계 각지로 모험을 떠났지만, 오랑우탄이 지나 온 길을 똑같이 밟았을지도 몰라요.

대형 유인원 속에서 오랑우탄만이 아시아에 사는 이유가 이제 이해되었나요?

### 왜 오랑우탄은 무리 지어 살지 않고 단독 생활을 할까?

침팬지는 큰 무리를 만들어요. 한 무리의 수가 20~100마리나 되지요.

이렇게 많으니 먹을 게 부족할 수 있어요. 그래서 보통은 더 작은 무리로 나누어 살다가 무슨 일이 생기면 함께 똘똘 뭉쳐요.

대형 유인원뿐만 아니라 원숭이도 여러 마리가 무리를 지어 살아요.

단, 오랑우탄만 무리를 짓지 않는데, 그것은 동남아시아 열대 우림의 특성과 관련이 있어요.

오랑우탄의 주식은 과일이에요. 먹이의 약 61퍼센트가 과일이고, 잎이 약 22퍼센트, 나무껍질이 약 12퍼센트랍니다. 달콤하고 영양이 가득한 두리안은 오랑우탄이 가장 좋아하는 과일이에요.

동남아시아의 숲에서는 두리안을 비롯한 나무 열매들이 3~5년에 한 번만 열려요. 그것도 여러 나무가 일제히 열매를 맺지요.

우리가 먹는 두리안은 품종이 개량되어 매년 열매를 맺어요. 하지만 야생에서 자라는 두리안은 해마다 열리지 않아요. 2~5년에 한 번 열려요.

오랑우탄이 가장 좋아하는 두리안을 먹으려면 적어도 2년은 기다려야 한답니다.

16퍼센트

22퍼센트

61퍼센트

아프리카의 열대 우림에도 열매가 열리지 않는 기간이 있어요. 동남아시아 열대 우림에 비하면 엄청 짧아요. 몇 개월만 지나면 과일을 먹을 수 있거든요.

침팬지 무리는 과일이 없는 시기가 되면 각기 흩어져서 과일을 찾아다녀요. 나무마다 풍성하게 과일이 열리면 다시 큰 무리를 이뤄요.

몇 년씩 과일이 열리지 않는 동남아시아 열대 우림에 사는 오랑우탄이 무리를 지어 살면 어떻게 될까요?

몇 년 만에 한바탕 나타났다가 사라지는 과일을 차지하기 위해 무리 간에 큰 싸움이 일어날 거예요. 무리 안에서도 하나라도 더 먹기 위해 다툼이 일어나겠죠.

그러나 무리를 짓지 않으면 싸울 일이 없겠죠?

오랑우탄은 과일이 많을 때 한꺼번에 많이 먹어 두는데, 그것은 몸에 지방으로 저장돼요. 과일이 없을 때 이 지방을 써서 에너지를 얻는답니다.

학자들은 엄마 오랑우탄이 6~9년 동안 한 마리의 새끼만 돌보는 이유가 과일이 3~5년에 한 번씩 열매를 맺기 때문이라고 생각해요.

새끼들은 엄마와 함께 여러 곳을 다니면서 어디에 어떤 식물이 있고, 언제 열매를 맺으며, 식물의 어느 부분을 어떻게 먹는지를 배워야 하지요. 하지만 배우는 데는 시간이 좀 걸린답니다.

만약 새끼가 태어난 지 5년이 다 되어 가는데 아직도 두리안이 한 번도 열리지 않았다면? 그런데 동생이 태어나서 독립해야 한다면?

　이제 오랑우탄의 생활이 이해가 되나요? 열대 우림의 특성상 새끼는 생존에 필요한 지혜를 배우는 데 오래 걸릴 수밖에 없어요. 엄마 오랑우탄이 새끼가 독립할 수 있도록 모든 것을 가르치려면 많은 시간이 필요해요.

　오랑우탄을 제외하고 대형 유인원들과 원숭이들이 무리 지어 생활하는 것을 보면, 오랑우탄의 선조도 무리 생활을 했을 것으로 짐작돼요. 다만 동남아시아 열대 우림에서 살게 된 이후로 살아남기 위해 새로운 습성을 익혔다고 여겨져요.

　대형 유인원 속에서 오랑우탄만이 단독 생활을 하는 이유, 이제 이해되었을까요?

# 3 오랑우탄의 숲은 어떤 곳?

### 열대 우림은 세상에서 가장 중요한 곳

오랑우탄은 다른 대형 유인원과 구별되는 점이 몇 가지 있다고 앞에서 말했어요. 다시 떠올려 볼까요?

❶ 오랑우탄은 다른 대형 유인원과 달리 아시아에 산다.

❷ 오랑우탄은 다른 대형 유인원과 달리 무리를 짓지 않고 단독 생활을 한다.

❸ 오랑우탄은 다른 대형 유인원과 달리 주로 나무 위에서 생활한다.

④ 오랑우탄은 다른 대형 유인원과 달리 붉은빛이 도는 갈색 털을 가졌다.

이번에는 ③과 ④에 대해 대해 자세히 이야기할게요. 이것 또한 오랑우탄이 사는 숲, 그러니까 동남아시아의 열대 우림이 고릴라나 침팬지가 사는 아프리카의 열대 우림과 달라서 그런 듯해요.

동남아시아 열대 우림을 이야기하기 전에, 먼저 '열대 우림'에 관해 간단하게 알아볼게요.

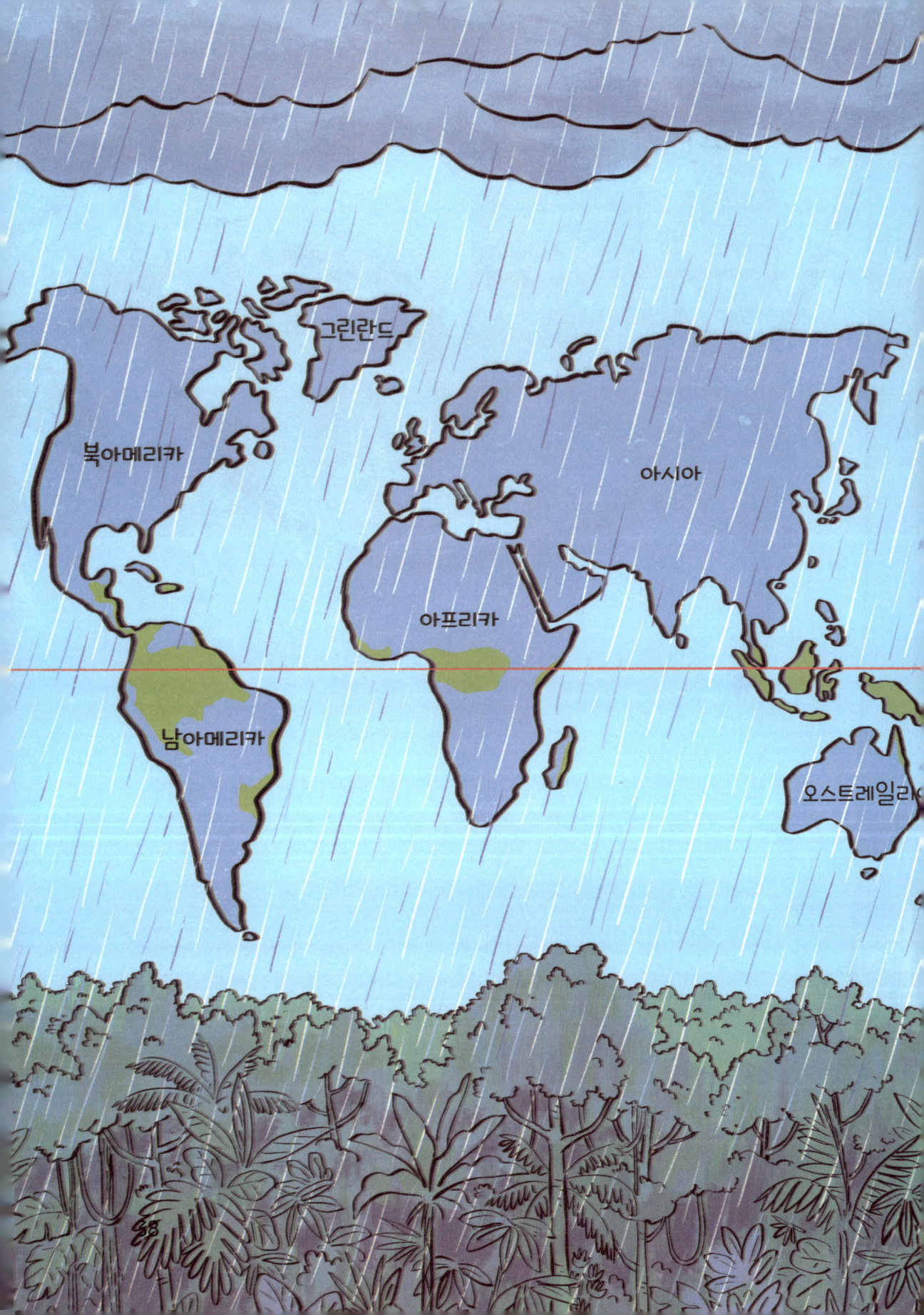

열대 우림이란 말 그대로 일 년 내내 따뜻하고 비가 많이 오는 열대 지방의 우거진 숲을 뜻해요. 열대 우림은 아시아, 아프리카, 오스트레일리아, 중앙아메리카, 남아메리카 등에 있어요. 지구상에서 가장 큰 열대 우림은 '아마존 우림'이에요.

열대 우림은 육지의 약 6퍼센트를 차지할 뿐이지만, 지구에 사는 식물과 동물의 절반 이상이 살아요.

미국 전체를 통틀어 개구리가 80여 종 살아요. 미국의 50개 주 가운데 텍사스 주보다 작은 섬나라 마다가스카르 열대 우림에는 300종의 개구리가 산답니다.

열대 우림은 수많은 식물이 이산화탄소를 흡수해서 산소를 만들어내요. 덕분에 지구의 기후는 안정된 상태를 유지할 수 있어요.

이처럼 열대 우림은 면적은 좁아도 아주 중요한 역할을 해요. 그래서 사람들은 열대 우림을 지키기 위해 노력하고 있어요.

이렇듯 모두가 중요하게 여기는 열대 우림에 사는 동물이 오랑우탄과 대형 유인원이라는 사실을 잊지 마세요!

### 아프리카와 동남아시아 열대 우림의 차이

침팬지와 보노보, 고릴라는 땅바닥을 성큼성큼 걸으며 잘 돌아다녀요. 오랑우탄은 긴 팔로 나뭇가지를 잡고 이 나무에서 저 나무로 옮겨 다녀요. 그리고 오랑우탄은 다른 대형 유인원과 달리 붉은빛이 도는 갈색 털을 가지고 있지요.

침팬지나 고릴라가 사는 아프리카의 숲은 비교적 단순한 숲이에요. 30~40미터의 높이에 꼭대기 부분이 지붕처럼 무성한 나무가 자라고, 그 아래로 10~20미터 정도의 나무가 자라고 있지요.

또 아프리카 열대 우림에서는 나무가 울창한 숲과 풀로 덮인 초원이 뒤섞여 분포해요. 그래서 나무에 매달려 이동하다가도 초원을 만나면 땅으로 내려와야 해요.

비가 오지 않는 건기에는 잎을 떨구는 나무가 자라는 곳도 있어요. 이런 시기에는 무서운 적에게 발각될 수도 있지요.

다행인 점은 나무에 매달리지 않아도 땅에서 얼마든지 먹이를 구할 수 있다는 거예요. 그래서 침팬지나 고릴라는 나무에 매달려 과일을 따먹기도 하고 걸어 다니면서 먹이를 구하기도 해요.

오랑우탄이 사는 동남아시아의 숲은 높이가 70미터나 되는 아주 큰 나무와 30~40미터, 10~20미터, 그보다 더 작은 나무 등 다양해요.

아프리카와 달리 초원은 없고 잎을 떨구는 나무도 거의 없어요. 하늘의 해를 잔뜩 가린 나뭇잎들 때문에 땅에는 풀도 거의 자라지 않지요. 동남아시아의 열대 우림에서 오랑우탄이 과일, 나무껍질, 잎 등의 먹이를 구하려면 나무 위에 매달릴 수밖에 없어요.

오랑우탄은 높은 나무에 매달려 과일을 먹고, 더 낮은 나무에 매달려 이동하다가 덩굴식물 등의 잎을 먹고 다시 높은 나무로 올라가 과일을 먹는 것을 되풀이해요. 땅에 내려올 일이 거의 없지요.

하지만 플랜지가 있는 수컷은 몸무게가 80킬로그램이나 되기 때문에 이동 중에 가지가 튼튼한 나무가 없으면 땅에 내려와서 걸어요.

주로 나무 위에서 생활하는 오랑우탄의 털이 다른 대형 유인원처럼 검정색이 아니라 붉은빛이 도는 갈색인 것도 나름의 이유가 있어요.

숲에는 호랑이(수마트라 섬)나 구름표범도 살아요. 오랑우탄은 보통 10미터가 넘는 나무 위를 이동한답니다. 그건 호랑이를 경계해서예요. 그곳 호랑이는 몸길이가 2미터나 되는 데다 5미터까지 점프를 한답니다.

구름표범은 중형의 '고양잇과' 동물이에요. 몸길이는 호랑이 절반 크기로 1미터쯤이지만 나무를 아주 잘 타지요. 몸집이 작은 암컷 오랑우탄이나 새끼는 호랑이나 구름표범의 먹잇감이에요. 하지만 오랑우탄의 붉은빛이 도는 갈색 털이 나뭇가지와 나뭇잎에 잘 어울리는 보호색이 되어 주지요. 대형 유인원 속에서 오랑우탄만이 거의 나무 위에서만 살고, 털빛이 다른 이유, 이해되었을까요?

70미터

### 급속히 사라져 가는 동남아시아 열대 우림

오랑우탄은 현재 수마트라 섬에 약 1만 4000마리의 수마트라 종과 약 800마리의 타파눌리 종이 살아요. 보르네오 섬에는 약 5만 7000마리의 보르네오 종이 살지요. 이로써 3종의 오랑우탄은 이 지구상에 약 7만 마리가 남아 있어요.

3종 모두 국제자연보전연맹(IUCN)이 작성하는 '적색 목록'에 'CR'로 표시되어 있어요. 'CR'는 '심각한 위기종'이라는 뜻이에요.

표를 보세요. 가장 나쁜 건 생물의 한 종류가 완전히 없어진 '절멸종(EX)'이에요. 그 다음은 동물원 등에서는 볼 수 있지만 야생에서 사라진 '자생지 절멸종(EW)'입니다. 그 뒤로 이어지는 등급은 오랑우탄이 속한 '심각한 위기종'이에요. 이는 오랑우탄이 야생에서 볼 수 있는 종 가운데 가장 빨리 사라질 것이라는 뜻이에요.

이 등급은 어떻게 결정될까요? 기준은 여러 가지이지만, 과거 10년 또는 3세대(할아버지·할머니, 아버지·어머니, 손자) 동안에 그 수가 80퍼센트 감소됐거나 감소되는 원인이 여전히 남아 있다는 게 가장 중요한 기준이에요.

"800마리밖에 없는 타파눌리오랑우탄은 '심각한 위기종'이라 할 수 있지만, 보르네오오랑우탄은 5만 마리도 넘게 남아 있는데, 그게 왜 위기종이에요?"

이해하기 쉽도록 우리나라의 멸종 위기 야생동물인 저어새와 비교해서 설명할게요.

2019년 세계 조사에 따르면, 저어새는 4463마리가 남아 있다고 해요. 오랑우탄보다 한 단계 위험이 낮은 '멸종 위기종(EN)'이지요.

보르네오오랑우탄보다 더 개체 수가 적은데 한 단계 위험이 낮다니 아리송하지요? 그건 앞에서 말한 기준 중 '과거 10년 또는 3세대 동안에 그 수가 80퍼센트 감소되었다.'는 사실과 관계가 있어요.

세계자연보호기금(WWF)의 보고에 따르면, 오랑우탄은 과거 100년 동안 약 80퍼센트나 감소했다고 해요. '심각한 위기종' 가운데 오랑우탄처럼 오래 사는 동물은 과거 3세대를 기준으로 합니다. 야생 오랑우탄 수명을 50~60년이라 할 때, 3세대도 못 미친 2세대로 100년이에요.

반면, 저어새는 2006년의 세계 조사 때는 1679마리밖에 없었어요. 관계자와 국제 협력의 노력으로 2784마리가 더 늘어난 거예요. 13년 만에 그 수가 2배를 넘었답니다.

저어새와 달리 오랑우탄은 7만여 마리가 남아 있지만 그 숫자가 빠른 속도로 줄고 있기 때문에 '심각한 위기종'으로 결정된 거예요.

또한, 앞서 설명한 기준 중 '그 원인이 여전히 남아 있다.'는 것도 또 다른 이유예요.

인도네시아는 인구가 세계 4위, 약 2억 5000만 명이 사는 동남아시아의 대국이에요. 야생 오랑우탄의 약 80퍼센트도 인도네시아에 살지요. 인도네시아의 서쪽 끝에 위치한 수마트라 섬은 호랑이, 코끼리, 코뿔소, 오랑우탄이 함께 사는 세계 유일의 섬이에요.

1990년까지만 해도 인도네시아의 열대 우림은 전 국토의 60퍼센트를 차지했어요. 인도네시아는 세계 최대의 열대 우림인 브라질의 아마존 우림 다음으로 둘째가는 열대 우림을 가지고 있었지요. 그런데 1985~2016년에 걸쳐 수마트라 섬에서 숲이 56퍼센트나 사라지고만 거예요.

과거에는 목재를 얻기 위해 나무들이 잘려 나갔고, 이후에는 고무나 종이 원료가 되는 나무를 심기 위해 잘려 나갔으며, 지금은 팜유를 얻기 위해 잘려 나가거나 불태워지고 있어요.

슬프게도 인간들은 계속해서 숲을 파괴하고 있어요.

오랑우탄은 동남아시아 열대 우림의 특성에 맞게 진화하며 숲에 의지해 왔어요. 오랑우탄은 숲이 없으면 살 수 없어요.

이따금 숲을 잃은 오랑우탄이 먹이를 찾다가 기름야자 농장으로 들어가곤 해요. 이때 사람들은 오랑우탄을 농작물을 해치는 '해로운 동물'이라고 여겨 총으로 쏴서 죽여요. 국제적인 보호동물인데도 말이죠.

귀엽고 순한 오랑우탄의 새끼는 애완동물로 인기가 많아요. 새끼를 잡아서 팔기 위해 밀렵꾼들은 엄마를 총으로 죽이고 새끼를 잡아가요. 아무리 엄마 오랑우탄이 새끼를 지키려고 해도 총 앞에서는 어쩌지 못하고 죽어갈 뿐이에요.

보르네오 섬에서만 몇십 년 동안 밀렵으로 죽임을 당한 오랑우탄의 수가 무려 6만 5000마리에 달한답니다.

2007년에 유엔환경계획은 우리가 아무 대책도 세우지 않고 이대로 내버려 둔다면 오랑우탄이 사는 숲은 2032년에 거의 소멸될 수도 있다고 경고했어요

다음 장에서는 숲을 파괴해 오랑우탄의 멸종을 앞당기게 하는 가장 큰 원인, 곧 팜유에 대해 구체적으로 이야기할게요.

# 4 오랑우탄과 팜유

### 인류는 어떻게 기름을 얻었을까?

팜유에 대해 자세히 살펴보기 전에, 인간과 기름의 역사에 대해 간단하게 알아봐요.

인간이 살아가는 데 꼭 필요한 탄수화물과 단백질, 지방을 '3대 영양소'라고 해요. 밥이나 빵에는 탄수화물이 많고, 고기에는 단백질과 지방이 많아요. 지방은 기름의 주성분이에요.

우리의 몸을 이루는 근육과 피부, 머리카락, 손톱 등은 단백질로 이루어져 있어요. 탄수화물은 몸을 움직이는 에너지가 돼요. 전구에 불을 켜려면 전기가 필요하듯이 우리가 활동하려면 탄수화물인 밥이나 빵을 먹어야 해요.

지방(기름)도 에너지가 돼요. 앞에서 오랑우탄이 과일이 열리지 않는 때를 대비해서 과일을 미리 많이 먹어 두어 지방으로 저장한다고 했어요. 올리브나 콩에서도 기름이 나오죠? 동물이든 식물이든 기름을 몸 안에 저장해요. 그리고 필요할 때 에너지로 사용해요.

지방

이중에서 기름은 여러 가지 먹을거리에 들어 있어서 저절로 지방을 섭취할 수 있었어요. 기름을 일부러 짜내서 따로 더 먹을 필요가 없었지요.

하지만 캄캄한 밤을 환하게 밝히는 등불을 피우려면 많은 기름이 필요했어요. 이때부터 기름을 짜내기 시작했어요.

이집트와 인도 등 고대 문명에서는 올리브유, 참기름 등을 등불을 피우는 데 사용했어요. 기름을 짜내려면 열매나 곡식이 많이 필요했고, 신에게 제사를 지내는 것을 중요하게 여겼기 때문에 기름은 아주 귀했어요.

중세에 들어서도 기름은 주로 등불을 피우는 데 많이 이용되었어요. 귀한 만큼 요리에 사용하는 건 귀족이나 왕족만이 가능했지요. 서민들은 물고기나 짐승으로부터 얻은 기름으로 불을 밝혔어요. 이후 배를 타고 먼 바다까지 나갈 수 있게 되자, 물범이나 고래를 잡아 기름을 얻었어요.

서민들은 왜 식물이 아니라 동물의 기름을 더 많이 사용했을까요? 동물을 죽이면 기름을 쉽게 얻을 수 있었기 때문이에요.

옛날에는 먹을 것이 없어서 죽는 사람이 많았어요. 농사를 많이 지으면 되겠지만, 당시에는 홍수가 나거나 가뭄이 들면 농사를 망쳤어요. 곡식을 좋아하는 벌레들이 득시글거려도 마땅한 방법이 없어서 손 놓고 바라볼 수밖에 없었어요. 기름을 얻을 수 있는 식물을 많이 키우고 싶어도 날씨가 돕지 않거나 벌레가 다 파먹어 버리면 아무 소용이 없었지요. 또 기름을 짜내는 기술도 부족했어요.

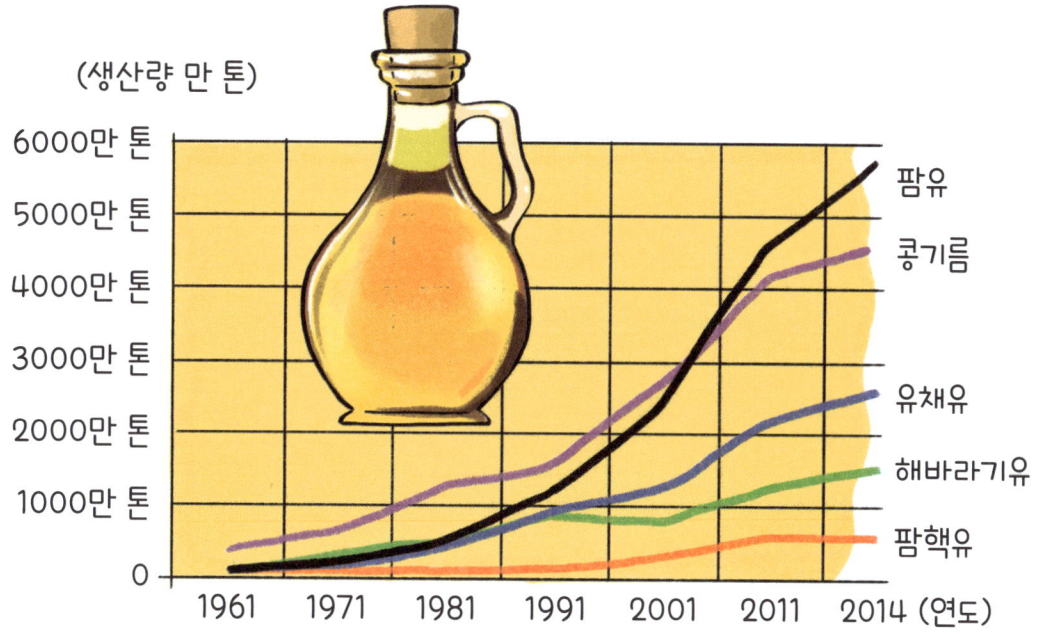

　　1800년대 후반, 석유를 발견하고 전등이 발명되면서 식물에서 짜낸 기름은 먹을거리나 비누 등을 만드는 데 더 많이 이용됐어요. 아울러 많은 기름을 짜낼 수 있는 식물을 대량으로 재배할 수 있게 되고, 기름을 짜내는 기술이 급속도로 발달하면서 식물성 기름이 우리의 주방에서 폭넓게 활약하기 시작했어요.

　　2005년까지 세상에서 가장 많이 쓰인 기름은 콩기름이에요.

　　콩에는 지방이 20퍼센트나 들어 있는데, 콩에서 기름을 최대한 많이 짜내는 건 간단하지 않았어요. 이전에는 콩 100킬로그램에서 기름을 9킬로그램밖에 얻지 못했답니다.

100년 전쯤, 유럽에서 획기적인 방법이 발명됐어요. 콩의 지방을 화학 물질로 녹이고 짜내는 것이었지요. 이 방법으로 이전보다 2배나 더 많은 콩기름을 얻을 수 있게 됐어요. 팜유가 대량 생산되기 전까지 콩기름은 식용 기름의 왕좌를 차지했어요.

### 세상에서 가장 많이 생산되는 기름, 팜유

식물에서 얻을 수 있는 기름에는 어떤 것들이 있을까요?

식물의 씨앗에서 얻는 기름이라면 두부나 간장, 된장의 재료가 되는 콩에서 짜낸 콩기름, 해바라기 씨앗에서 얻는 해바라기유 등이 있어요.

올리브　　　기름야자　　　아보카도

　식물 열매에서 얻는 기름이라면 대표적으로 올리브유가 있어요. '숲의 버터'라고 불리는 아보카도 열매에서 얻는 아보카도유도 있지요.

　그리고 본격적으로 배우게 될 '팜유'는 기름야자 열매에서 얻어요.

　기름야자를 코코야자와 혼동하는 경우가 있는데, 코코야자의 열매를 짜낸 기름은 코코넛 기름 또는 야자유라고 해요.

　기름야자의 씨앗을 보호하는 단단한 부분에서도 기름을 짜내는데, 이것을 '팜핵유'라고 해요. 핵이란 복숭아나 자두 같은 씨앗의 단단한 부분을 말해요. 팜핵유는 대부분 비누나 샴푸 등을 만드는 데 쓰여요.

기름야자는 원래 서아프리카가 고향이에요. 열대에서 자라는 이 나무는 다 자라면 20미터가 넘지요.

기름야자의 열매는 포도같이 생긴 이삭에 1000~3000개가 다닥다닥 매달려 있어요. 열매 한 개의 지름은 4센티미터 정도이며, 이들을 한데 모아 짜낸 게 팜유예요.

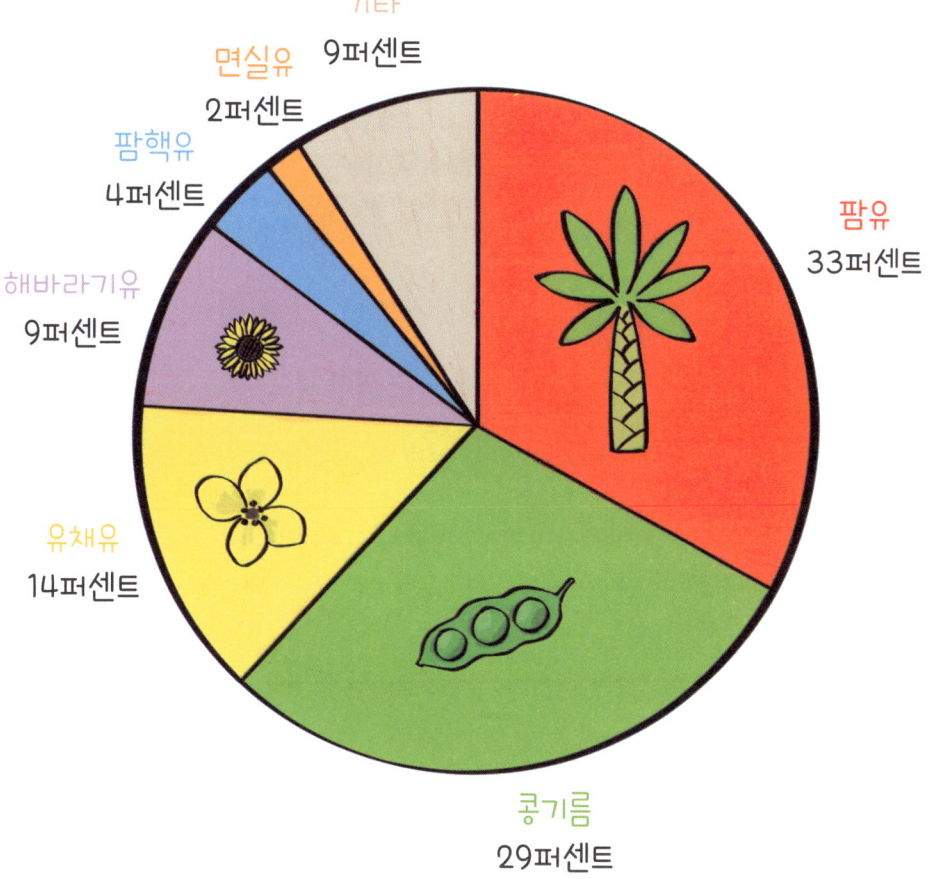

　야자는 영어로 '팜 트리'라고 해요. '야자에서 얻은 기름'이니까 야자의 영어명인 '팜'과 기름을 뜻하는 한자인 '유'를 붙여 '팜유'라고 해요.

　팜유는 세계 식물성 기름 생산량에서 1위를 차지하고 있어요. 2005년까지만 해도 콩기름이 1위였어요.

　팜유의 생산량은 계속 늘고 있는데, 전 세계 생산량의 85퍼센트가 오랑우탄이 사는 인도네시아와 말레이시아에서 생산돼요.

### 어째서 팜유를 많이 쓸까?

팜유가 세상에서 가장 많이 생산되는 이유는 무엇일까요?

우선 가격이 아주 싸요. 같은 면적에서 얻을 수 있는 기름의 양이 엄청나게 많거든요.

팜유보다 일찍 세계 생산량 1위를 차지했던 콩기름의 원료인 콩은 미국, 브라질, 아르헨티나의 광대한 토지에서 대량 생산돼요.

콩을 재배하던 곳에 기름야자를 심으면 콩기름보다 4~6배나 더 많은 팜유를 얻을 수 있어요. 게다가 팜유를 만드는 노동자들의 인건비도 아주 싸요. 이러한 이유들로 팜유는 콩기름보다 훨씬 저렴하답니다.

팜유는 값이 싸다는 장점뿐만 아니라 오래 두고 써도 잘 변질되지 않는다는 특성이 있어요.

기름은 공기와 만나면 성질이 변해서 우리 몸에 해로운 물질을 만들어 내게 돼요. 이러한 현상을 '산패'라고 하지요.

대부분의 기름은 해가 잘 드는 곳에 두거나 뜨거운 곳에 오래 두면 산패되어 맛과 색이 변하고 불쾌한 냄새가 나요.

반면, 팜유는 다른 기름보다 보관법이 까다롭지 않아서 오래 두고 먹는 가공식품을 만들 때 유용해요.

예를 들어 라면을 만들 때, 면을 팜유에 튀겨요. 그러면 면발 속에 남은 수분이 빠지면서 면발에 눈에 보이지 않는 작은 구멍이 생겨요. 수분이

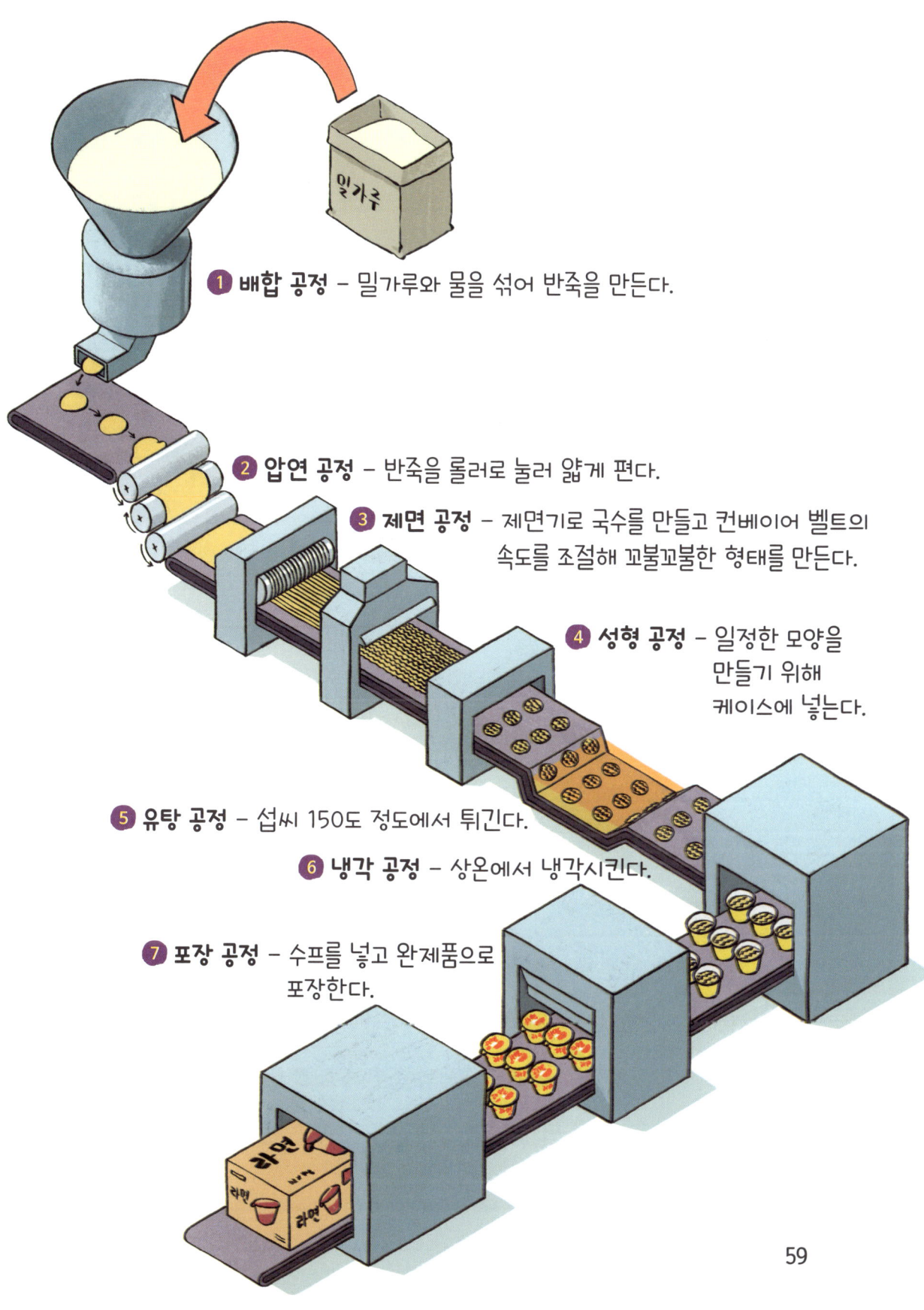

아침
점심
간식

사라지면 잘 썩지 않지요. 면을 끓는 물에 넣으면 미세한 구멍 속으로 뜨거운 물이 들어가 오동통한 면발이 돼요.

그래서 라면 같은 가공식품은 한두 달 넘게 식탁에 두고 먹어도 배탈이 나지 않아요. 만일 직접 밀가루로 반죽해서 만든 면을 식탁에 둔다면 사나흘만 지나도 곰팡이가 생길 거예요.

또 라면을 오래 두고 먹기 위해서라도 쉽게 산패되지 않는 기름을 사용해야 하지요. 그래서 많은 라면 회사들이 팜유를 사용한답니다.

팜유는 보통 온도에서도 고체와 액체의 중간 상태로 있어서 사용하기에 편해요. 특별한 맛도 냄새도 없어서 가공식품을 만들 때 버터나

저녁  
위생용품  
미용용품  
청소용품  
세탁용품

동물 기름 대신 많이 사용되고 있어요. 코코넛 기름같이 달고 고소한 향이 나는 기름은 과자나 빵을 만들 때는 좋아요. 하지만 오히려 그 향과 맛 때문에 이용 못하는 경우도 생길 거예요. 반면 맛도 냄새도 없는 팜유는 그럴 걱정이 없어요.

이처럼 팜유는 저렴한 데다 잘 변질되지 않고 사용하는 데 편리하기 때문에 가공식품 회사들이 좋아해요.

또, 사람들은 팜유가 건강에 좋고, 환경에 이롭다고 생각해요. 대개 동물성 기름은 몸에 안 좋고, 석유에서 얻은 기름을 태우면 환경에 해로운 물질을 쏟아내는 이미지가 있으니까요.

팜유는 식물에서 추출한 기름이라는 이유만으로 지지를 받고 있어요.

오랑우탄을 비롯한 야생 동물의 슬픔은 신경조차 쓰지 않지요.

세상에서 팜유를 가장 많이 사용하는 나라는 인도예요. 2위는 인도네시아, 3위는 유럽 연합(27개국), 4위는 중국이에요. 세계에서 인구가 가장 많은 나라 중 1위가 중국, 2위가 인도, 인도네시아는 4위라는 것을 생각해 보면 팜유가 얼마나 많이 필요한지 알 수 있겠죠?

### 팜유 농장을 만들기 위해 숲을 없애야만 할까?

팜유는 어떻게 만들어질까요?

기름야자의 열매는 나무에서 떨어지자마자 좋은 성분들이 나쁘게 변하기 시작해요. 신선하고 좋은 기름을 얻으려면 24시간 이내에 기름을 짜내야 하지요.

그래서 기름야자 농장과 가까운 곳에는 기름을 짜내는 공장이 있어요. 많은 양의 열매를 실어 날라야 하니까 큰 트럭이 드나들 수 있는 넓은 도로도 필요해요.

또한 제대로 공장을 운영하자면 많은 기름야자 열매가 필요하지요. 한 나무에 열매가 많게는 1000~3000개씩 열리기는 해도 기름을 짜내려면 기름야자를 아주 많이 심어야 해요.

앞서 살펴봤듯이 엄청나게 많은 사람들이 팜유를 사용하려면, 기름야자 농장 수도 아주 많아야겠지요?

사람이 사는 곳에서는 그렇게나 넓은 땅을 구할 수 없어요. 결국 오랑우탄이나 코끼리들을 쫓아내고 그들이 사는 숲을 빼앗아야 하지요.

열대 우림은 사람들이 살기 어렵기 때문에 울창한 숲이 잘 보존되어 있어요. 그리고 그 숲에는 다양한 생물이 살고 있지요.

그런데 사람들은 이러한 열대 우림을 파괴하고, 그곳에 기름야자만 심으려 해요.

숲을 없앨 때 잔인한 방법을 사용할 경우도 있어요. 농장을 만드는 시간과 비용을 줄이기 위해 숲을 불태우는 것이지요. 숲을 불로 까맣게 태워 농장으로 만드는 일이 법으로 엄하게 금지되어 있는데도 사람들은 전혀 아랑곳하지 않아요.

어떤 때는 사람이 일부러 놓은 불이 제대로 꺼지지 않아서 다른 곳의 숲으로 옮겨붙기도 해요.

그러면 그 숲에 살던 동물과 식물들도 모조리 타 버리고, 숲을 태울 때 발생한 이산화탄소는 지구 온난화를 더욱 부채질하게 된답니다.

# 5 인간과 오랑우탄이 더불어 살자면?

### 야생으로 돌아가고픈 고아들

언제까지 이렇게 숲을 파괴할 수만은 없어요. 그것은 오랑우탄뿐만 아니라 인간에게도 반드시 나쁜 결과를 가져다줄 거예요.

이제부터는 인간과 오랑우탄이 더불어 살아가려면 어떻게 해야 할지 생각해 보려고 해요.

그 전에 멸종의 위기에 빠진 오랑우탄의 현황에 대해 다시 한 번 살펴

보기로 해요.

1900년대에 수마트라 섬과 보르네오 섬에는 약 32만 마리의 오랑우탄이 있었어요. 지금은 약 7만 마리밖에 남지 않았어요.

오랑우탄의 수가 줄어드는 원인은 그들이 사는 숲이 사라져 가고 있기 때문이에요. 사람들은 엄청난 규모의 기름야자 농장을 만들기 위해 숲을 없애고 있고, 지금 이 순간에도 숲은 파괴되고 있어요.

귀여운 새끼 오랑우탄을 애완동물로 키우려는 사람들 때문에 오랑우탄은 밀렵의 대상이 되고 있어요. 죽을힘을 다해서 새끼를 지키려는 엄마 오랑우탄을 향해 사람들은 아무런 거리낌 없이 총을 쏴요.

산불로 살 곳을 잃고 먹을 것을 찾지 못해 하는 수 없이 농장에 들어온 오랑우탄을 사람들은 마구 죽여요. 농작물을 해치고 농지를 넓히는 데 방해가 된다는 이유로 말이죠. 오랑우탄을 그렇게 만든 건 사람들이라는 사실을 전혀 기억하지 못하나 봐요.

그리고 오랑우탄은 현지에서 보호 동물이라서 죽이거나 잡아들이는 것이 법으로 금지되어 있어요. 그런데도 사람들은 이익이 된다면 법도 두려워하지 않아요.

다행인 점은 엄마를 잃었거나 야생에서 다쳤거나 사람들에게 붙잡혔던 새끼 오랑우탄을 돌보다가 새끼가 건강을 되찾으면 숲으로 돌려보내 주려는 사람들도 있다는 거예요.

야생 동물을 다시 숲으로 돌려보낼 준비를 하는 시설을 '재활센터'라고 해요. 수마트라 섬과 보르네오 섬에 10개소 이상의 재활센터가 있어요.

재활센터 직원들은 24시간 내내 새끼 오랑우탄을 정성껏 돌봐요. 그러고는 새끼가 4세쯤 되면 재활센터 근처의 숲으로 보내서 야생에서 생활하도록 해요. 엄마 오랑우탄과 함께 산다면 몇 년은 더 배워야 할 시기여서 제대로 식사를 못하는 새끼들도 있어요. 이렇게 잘 적응하지 못하는 새끼들을 위해 직원들은 하루에 2번씩 숲에 먹이를 두고 온답니다.

2012년에는 야생으로 돌아가기를 기다리는 새끼 오랑우탄이 재활센터에 약 1000마리가 있었어요. 인도네시아 정부는 2015년까지 모두 자연으로 돌려보내려고 했지만, 그렇게 할 수 없었어요.

오랑우탄은 숲을 더 좋아할 텐데 왜 아직도 재활센터에 남아 있게 하는 걸까요? 그것은 새끼 오랑우탄이 돌아갈 숲이 부족하기 때문이에요.

오랑우탄은 무리 생활을 하지 않기 때문에 이미 오랑우탄이 살고 있는 곳에 보내면 먹이가 부족해서 살아남기가 어려워요.

지금 오랑우탄이 살지 않는 곳에 데려다 놓는 것도 위험해요. 그런 숲은 과거에 대규모 밀렵이 일어난 곳이거든요. 그곳으로 보낸다면 다시 밀렵꾼들에게 붙잡힐 수도 있어요.

오랑우탄을 지키자면 첫째도 둘째도 숲! 지금 그들이 살고 있는 숲을 지켜 주고 더 만들어 줘야 해요.

### 팜유를 금지하면 문제가 해결될까?

"오랑우탄의 숲이 망가지는 가장 큰 원인이 팜유니까, 우리가 팜유를 쓰지 않으면 되지 않나요?"

"오랑우탄을 위해 팜유를 사용하지 못하도록 금지하고 콩기름만 쓰는 건 어때요?"

현재 팜유는 식물성 기름 시장에서 33퍼센트를 차지할 만큼 가장 많이 생산되고 이용되는 기름이에요. 팜유를 재배하는 면적과 콩을 재배하는 면적이 같을 경우, 콩기름보다 팜유를 4~6배 더 많이 생산할 수 있어요.

팜유를 콩기름으로 대신하려면, 콩을 지금보다 더 많이 재배해야 하고, 기름야자 농장보다 훨씬 더 넓은 땅을 찾아내 농지로 만들어야 해요. 그러려면 오랑우탄이 사는 열대 우림을 파괴하는 것과 똑같은 일이 일어날 수밖에 없어요.

실제로 콩을 대량으로 생산하고 있는 미국이나 브라질, 아르헨티나에서는 농지를 더 넓히기 위해 야생 동물의 터전을 파괴하고 있어요.

"팜유를 오랑우탄이 살지 않는 나라, 야생 동물이 살지 않는 곳에서 만들면 되지 않나요?"

이미 말했듯이 기름야자는 열대성 나무라 기온이 높고 비가 많이 오는 곳이 아니면 잘 자라지 않아요. 비가 거의 오지 않는 사막이나 추운 나라에서는 기름야자를 재배할 수 없어요. 한국이나 일본에서는 기름야자가 더운 여름에는 잘 자랄지 몰라도 겨울이 되면 추위에 모조리 얼어 죽을 거예요.

### 숲을 가꾸는 기업에만 주는 인증 마크

전 세계에서 소비되는 팜유의 85퍼센트를 생산하는 나라는 인도네시아와 말레이시아예요. 두 나라가 생산한 팜유로 우리는 많은 혜택을 받고 있어요.

인도네시아와 말레이시아에서 팜유 생산은 이들 국가의 경제 발전에 중요한 밑바탕이 되고 있어요.

인도네시아와 말레이시아 사람들에게 오랑우탄을 지키기 위해 경제 발전을 멈추라고 말할 수 있을까요? 그건 기름야자 농장에서 일하는 사람들에게 일을 하지 말라고 하는 것과 같아요.

우리가 팜유를 사용하지 않으면 그들은 일자리를 잃게 돼요.

그러면, 인간의 '사촌' 오랑우탄과 그 숲을 지킬 수 있는 방법은 어디에도 없는 걸까요?

오랑우탄이냐, 인간이야? 숲이냐, 팜유냐? 하는 것처럼 이것 아니면 저것이라는 식의 발상으로는 해결책을 찾을 수 없는 것 같아요. 오랑우탄도 인간도, 숲도 팜유도 모두 중요하니까 말이죠.

이 문제의 원인은 팜유에 있는 게 아니에요. 문제는 농장을 만들기 위해 숲을 함부로 파괴하는 '방법'에 있어요. 팜유의 생산과 열대 우림을 보전하는 일을 동시에 해 나가면 어떨까요?

2004년, 세계자연보호기금을 비롯한 세계의 여러 환경 보호 단체와 팜유를 많이 사용하거나 생산하는 기업들이 함께 모여 '지속 가능한 팜유 산업 협의체(RSPO)'라는 조직을 만들었어요.

야생 동물이나 열대 우림의 생태계를 소중히 지켜나가면서도 계속해서 팜유의 혜택을 안정적으로 얻기 위해 서로 힘을 모으기로 한 것이죠.

RSPO에서는 구체적으로 어떤 것들을 약속했을까요?

숲을 지키고 복원하는 기업에는 인증 마크를 주기로 했어요. 사람들이 해당 기업이 만든 제품을 사용하면 직접 숲을 지키는 것과 같은 효과를 가진다는 제도도 만들었어요.

다시 말해, 숲을 지킨 팜유와 그렇지 않은 팜유를 구별하는 거예요.

숲을 파괴하지 않고 생산된 팜유를 사용한 기업은 '팜유 인증 마크(RSPO)'를 붙일 수 있어요. 사람들이 그 마크가 붙은 제품을 사면 오랑우탄을 비롯한 열대 우림의 보호에 이바지하는 셈이에요.

　안타깝게도 한국에는 팜유 인증 마크가 붙은 제품이 많지 않아요. 팜유 인증 마크를 붙인 제품을 생산하려는 기업이 많지 않기 때문이죠.

　아직까지는 인증 마크 제도 외에 현실적인 해결 방법은 없어요. 사람들이 팜유 인증 마크를 잘 알게 되고, 팜유 인증 마크가 붙은 물건을 많이 사기를 바라요. 그러면 기업은 숲을 지키는 팜유를 적극적으로 사용하게 될 거예요.

　자연과 환경을 지키기 위한 또 다른 인증 제도도 있어요. 바로 '국제산림관리협의회(FSC)'라는 국제 기관에서 산림 경영을 지속적으로 이행하는 숲에 부여하는 '산림 경영' 인증이에요. 이런 숲에서 얻은 나무로 만든 제품에는 'FSC'라는 인증 마크를 붙일 수 있지요.

　보르네오 섬에는 산림 경영 인증을 받은 숲이 있는데, 오랑우탄과 코끼리 등 많은 야생 동물이 살고 있어요.

### 오랑우탄을 부탁해!

이 책을 끝까지 읽은 친구들 중에는 무심코 먹었던 라면이나 아이스크림이 오랑우탄을 괴롭혀 온 일이라는 것을 알고 깜짝 놀랐을 거예요.

'동물을 좋아하는데 왜 그동안 무관심했을까…….' 하며 가슴 아파하는 친구들도 있을 테지요.

슬퍼하지만 말고 오랑우탄을 위해 할 수 있는 일을 찾아 봐요.

어른들은 거의 매일 커피를 마셔요. 그런데 오랑우탄을 위한 '오랑우탄 커피'가 있다는 걸 아나요? 이 커피를 판매한 수익의 일부가 오랑우탄이 사는 숲을 보호하는 데 쓰인답니다.

엄마 아빠가 커피를 좋아한다면, 커피도 마시고 오랑우탄을 위해 좋은 일을 할 수도 있다는 것을 알려 주세요.

회사나 학교에서 많이 사용하는 복사용 종이나 봉투 중에는 산림 경영 인증 마크(FSC)가 붙은 것들이 있어요.

여러분의 부모님, 선생님, 언니, 오빠들이 팜유 인증 마크(RSPO)나 산림 경영 인증 마크(FSC)를 잘 알게 되고 이런 마크가 붙은 물건을 사용한다면, 기업들은 너 나 할 것 없이 자연과 환경을 지키는 제품을 만들기 위해 노력할 거예요.

당장 인증 마크를 붙인 물건을 사러가지 않아도 돼요. 오랑우탄이 팜유 때문에 고통을 받고 있다는 사실, 팜유 때문에 숲이 파괴되고 있다는 사실을 주변 사람들에게 이야기하는 것만으로도 충분해요.

**인간의 '사촌'인 오랑우탄을 부탁해요!**

# 오랑우탄 관련 상식 퀴즈

1. 다음 중 대형 유인원을 골라 표시해 보세요.

   > 침팬지, 긴팔원숭이, 타파눌리오랑우탄, 마운틴고릴라, 맨드릴개코원숭이

2. 인간과 친척인 동물을 통틀어 _____ 라고 합니다.
3. 오랑우탄의 수컷은 모두 얼굴에 플랜지가 생겨요. ( ○, × )
4. 원숭이는 '사람과' 동물과 마찬가지로 거울에 비친 자신을 알아볼 수 있어요. ( ○, × )
5. 대형 유인원 중 오랑우탄만이 유일하게 아시아에 살아요. ( ○, × )
6. 오랑우탄은 욕심이 많아서 혼자 배불리 먹기 위해 단독 생활을 해요. ( ○, × )
7. 새끼 오랑우탄은 동생이 생기면 독립해서 따로 살아요. ( ○, × )
8. 역사상 가장 큰 '사람과' 동물인 기간토피테쿠스는 대형 유인원의 공동 조상이에요. ( ○, × )
9. 아프리카의 열대 우림은 숲과 초원이 뒤섞여 분포해요. ( ○, × )
10. 오랑우탄이 가장 좋아하는 과일은 두리안이에요. ( ○, × )
11. 우리나라의 멸종 위기종인 저어새는 4463마리가 남아 있는 자생지 절멸종(EW)이에요. ( ○, × )
12. 오랑우탄은 심각한 위기종(CR)입니다. ( ○, × )
13. 팜유는 기름야자 열매의 단단한 부분에서 얻을 수 있어요. ( ○, × )

**14.** 전 세계 생산량의 85퍼센트가 오랑우탄이 사는 인도네시아와 말레이시아에서 생산돼요. ( ○, × )

**15.** 신선한 팜유를 얻으려면 48시간 이내에 기름야자 열매로부터 기름을 짜내야 해요. ( ○, × )

**16.** 수마트라 섬과 보르네오 섬에는 고아가 되거나 다친 새끼 오랑우탄을 위한 재활센터가 있어요. ( ○, × )

**17.** 팜유 대신 콩기름을 쓰면, 현재 재배하는 양으로도 충분해요. ( ○, × )

**18.** 숲을 파괴하지 않고 생산된 팜유를 사용한 기업은 ＿＿＿＿＿＿＿를 붙일 수 있어요.

**19.** '＿＿＿＿＿＿＿ 커피'를 판매한 수익의 일부가 오랑우탄이 사는 숲을 보호하는 데 쓰인답니다.

**20.** 러시아나 핀란드에서도 기름야자를 재배해요. ( ○, × )

**정답**
01 침팬지, 타파눌리오랑우탄, 마운틴고릴라　02 사람과　03 ×　04 ×　05 ○
06 ×　07 ○　08 ×　09 ○　10 ○　11 ×　12 ○　13 ×　14 ○　15 ×
16 ○　17 ×　18 팜유 인증 마크　19 오랑우탄　20 ×

# 오랑우탄 관련 단어 풀이

**가공식품 :** 특별한 기술을 사용해서 먹기에도 저장하기에도 편리하게 만든 먹을거리.

**개체 :** 홀로 살아갈 수 있는 생물체.

**건기 :** 일 년 중에 비가 별로 내리지 않고 메마른 시기. 비가 많이 내리는 시기를 뜻하는 우기의 반대.

**관심 필요종(LC) :** 위험이 낮고, 위험 범주에 도달하지 않은 종.

**국제삼림관리협의회 :** 목재를 채취, 가공, 유통하는 전 과정을 추적하고 관리하는 친환경 인증 단체.

**급속도 :** 매우 빠른 속도.

**대량 :** 세거나 잴 수 있는 양이 많은 것.

**면실유 :** 목화씨에서 짜낸 기름.

**멸종 위기종(EN) :** 야생에서 멸종할 가능성이 높은 종.

**목재 :** 어떤 것을 만드는 데 재료로 쓰이는 나무.

**밀렵 :** 법으로 금지한 동물을 허가받지 않고 몰래 사냥하는 것.

**발상 :** 어떤 생각을 해 내는 것.

**보호 동물 :** 멸종될 위기에 처해 있거나 개체 수가 줄어들고 있어 보호가 필요한 동물.

**복원** : 망가진 것을 원래대로 돌려놓는 것.

**분류** : 여럿 중에서 비슷한 것끼리 나눔.

**빙하기** : 지구의 중위도까지 빙하가 존재했던 시기.

**섭취** : 영양분을 몸속으로 빨아들이는 것.

**세계자연보호기금** : 국제적으로 야생 동물을 보호하고 연구하기 위해 만든 기금.

**압연** : 기계 등으로 눌러 원하는 모양으로 만드는 일.

**위기 근접종(NT)** : 가까운 장래에 야생에서 멸종할 가능성이 높은 종.

**유엔환경계획** : 지구 환경에 대한 국제적 협력을 촉진하기 위해 설립한 국제기구.

**유채유** : 유채라는 식물의 씨앗에서 짜낸 기름.

**이삭** : 곡식의 꽃이 핀 후 꽃대의 끝에 열매들이 다닥다닥 매달린 부분.

**인증 마크** : 정부 기관 등에서 품질이 우수한 제품에 주는 표시.

**자료 부족종(DD)** : 멸종 위기에 관한 평가 자료가 부족한 종.

**자생지** : 사람이 심지 않은 식물이 저절로 나서 자란 땅.

**종(種)** : 생물의 분류에서 가장 낮은 단계.

**주성분** : 어떤 것을 이루는 물질 중 가장 많은 부분을 차지하는 것.

**추출** : 고체나 액체에서 어떤 물질을 뽑아내는 것.

**취약종(VU)** : 야생에서 멸종 위기에 처할 가능성이 높은 종.

**평가 불가종(NE)** : 아직 평가 작업을 거치지 않은 종.

**화석** : 지질 시대에 살았던 동식물의 유해가 보존되어 남아 있는 것.

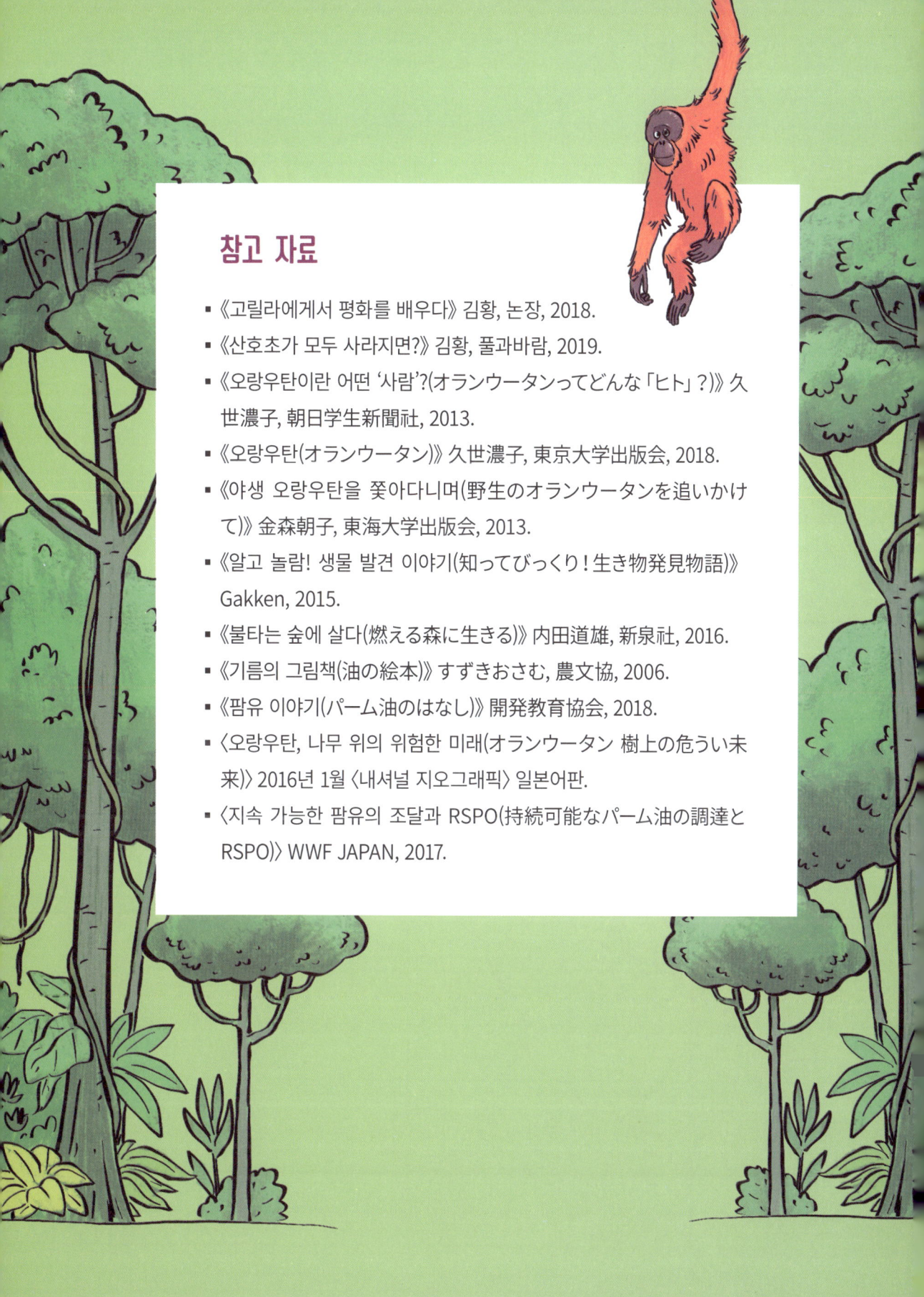

## 참고 자료

- 《고릴라에게서 평화를 배우다》 김황, 논장, 2018.
- 《산호초가 모두 사라지면?》 김황, 풀과바람, 2019.
- 《오랑우탄이란 어떤 '사람'?(オランウータンってどんな「ヒト」?)》久世濃子, 朝日学生新聞社, 2013.
- 《오랑우탄(オランウータン)》久世濃子, 東京大学出版会, 2018.
- 《야생 오랑우탄을 쫓아다니며(野生のオランウータンを追いかけて)》金森朝子, 東海大学出版会, 2013.
- 《알고 놀람! 생물 발견 이야기(知ってびっくり!生き物発見物語)》Gakken, 2015.
- 《불타는 숲에 살다(燃える森に生きる)》内田道雄, 新泉社, 2016.
- 《기름의 그림책(油の絵本)》すずきおさむ, 農文協, 2006.
- 《팜유 이야기(パーム油のはなし)》開発教育協会, 2018.
- 〈오랑우탄, 나무 위의 위험한 미래(オランウータン 樹上の危うい未来)〉 2016년 1월 〈내셔널 지오그래픽〉 일본어판.
- 〈지속 가능한 팜유의 조달과 RSPO(持続可能なパーム油の調達とRSPO)〉 WWF JAPAN, 2017.